AF525283

Text und Fotos
Kirsten Skaarup

# BROTE

## EINFACH HANDGEMACHT

# INHALT

# DAS BESTE BROT DER WELT

Weit oben auf der Liste aller kulinarischen Genüsse rangiert ein einfaches Stück Brot – mit guter Konsistenz, leckerem Geschmack und knuspriger Kruste.

Gutes Brot ist absolut keine Selbstverständlichkeit. In den vergangenen Jahrzehnten war traditionelles Bäckerbrot fast schon eine Seltenheit. Glücklicherweise sind gute Backwaren inzwischen in die Regale von Spezialbäckereien gelangt. Nachdem man den Geschmack von »echtem« Brot wiederentdeckt hat, erlebt heute auch das Brotbacken ein Comeback. Brot selbst zu backen ist unglaublich befriedigend – vorausgesetzt, das Resultat entspricht auch den Erwartungen. Denn: Backen ist nicht immer kinderleicht. Ich war nie eine Meisterbäckerin, aber als ich das Rezept für »Das beste Brot der Welt« ausprobierte, hatte ich mein erstes Erfolgserlebnis. Nachdem ich eine Scheibe von diesem Brot gegessen hatte, war mir klar: Dies war genau »das« Brot, das ich backen und essen wollte! Das Rezept ist einfach und gelingt immer – und das Brot ist ein richtiges Vorzeigebrot, das man beim besten Bäcker nicht schöner bekommt.

*»Es dauert nur eine Generation, um den Geschmack von gutem Brot zu vergessen.«*

## GENIALE ERFINDUNG: NO-KNEAD-BREAD

In den 1970er-Jahren träumte in Florida ein Hippie vom besten Brot der Welt. Er überlegte sich dabei, wie er dieses Brot zuhause in seinem eigenen Ofen professionell backen könnte. In einer Bäckerei wird der Teig großer Hitze und Dampf ausgesetzt, und das ergibt die Kruste und die saftige Konsistenz, die ein gutes Brot ausmachen. Der junge Bildhauer Jim Lahey tüftelte aus, wie sich diese Bedingungen in der heimischen Küche nachahmen lassen. Seine Antwort war ein glühend heißer schmiedeeiserner Topf mit einem Deckel, der den Dampf hält. Um diese Lösung zu entwickeln, musste Jim erst eine Reise nach Europa unternehmen. In Italien, wo er die wahre Kunst des Brotbackens erforschen wollte, sah er, wie Brot nach alter Tradition in holzbefeuerten kuppelförmigen Lehmöfen gebacken wurde. Das brachte ihn auf die Idee des No-Knead-Bread.

Als Lahey 1994 in die USA zurückkehrte, eröffnete er die »Sullivan Street Bakery« in Soho in New York. Einige Jahre später ereilte ihn bereits der Ruf als bester Bäcker im Big Apple. Im Jahr 2006 machte dann Mark Bitmann, Foodjournalist der »New York Times«, sein Brotbackkonzept bekannt. Er schrieb: »Die schlechte Nachricht ist, dass ein Vierjähriger das Brot nicht backen kann. Es muss schon ein ambitionierter Achtjähriger sein … das Brot schmeckt fantastisch, ich habe es probiert. Es wird euch umhauen.«

Das Geheimnis hinter dem No-Knead-Bread ist seine lange Gehzeit, die die Glutenstränge entwickelt und die dem fertigen Brot wunderbar viel Korngeschmack verleiht. Außerdem wird die Entstehung der Kruste durch den Dampf und die hohe Temperatur in dem glühend heißen Topf mit Deckel verzögert. Das gibt dem Teig die Möglichkeit aufzugehen, bevor sich eine Kruste gebildet hat.

# ZUTATEN

## DAS RICHTIGE MEHL

Für diese Brotback-Methode können Sie viele verschiedene Arten von Mehl verwenden, aber etwa die Hälfte des Mehls sollte Weizenmehl sein, damit das Brot leicht und lecker wird. Ich habe für die Rezepte in diesem Buch unterschiedlich grobe Mehltypen, Nüsse, Körner etc. hinzugefügt, weil grobes Mehl mehr Nährstoffe enthält als das weiße raffinierte Mehl und dem Brot einen viel besseren Geschmack verleiht.

Ich empfehle Biomehl. Hierfür sind keine giftigen Spritzmittel, Halmverkürzer und andere schädliche Dinge verwendet worden.

## VOLLKORN

Vollkorn – das können entweder ganze Körner sein oder Körner, die zerstoßen, geschnitten oder zu Mehl in verschiedenen Feinheitsgraden gemahlen wurden.

In Vollkornmehlen sind alle Teile des Korns enthalten, auch Schalenteile und Keim, denn dort sind Vitamine und Mineralstoffe gespeichert.

Weizenvollschrot (Grahammehl) und Vollkornweizenmehl haben einen Ausmahlgrad von 100 Prozent und bestehen aus sämtlichen Bestandteilen des Korns. Weizenvollschrot wird feiner gemahlen als Vollkornweizenmehl. Bei grobem Roggenmehl liegt der Ausmahlgrad ebenfalls bei 100 Prozent. Es beinhaltet daher auch alle Kornbestandteile. Dies gilt ebenso für Vollkorndinkelmehl und andere Vollkornsorten.

Mehle mit einem hohen Proteingehalt haben die besten Backeigenschaften.

## HEFE

Für »Das beste Brot der Welt« empfehle ich Biohefe. Die ist zwar teurer als traditionelle Hefe, aber ein Päckchen reicht für viele, viele Brote. Die Hefe kann im Gefrierschrank aufbewahrt werden. Sie muss nur leicht auftauen, bevor sie verwendet wird. Als ich zum ersten Mal mit Biohefe gebacken habe, war ich überrascht. Der Unterschied war nicht nur sichtbar, sondern auch spürbar: Das Brot ging besser auf, duftete wunderbar und schmeckte ausgezeichnet.

Man sagt, dass Biohefe etwas langsamer aufgeht, aber das ist beim Langzeitgehen, wie es in diesem Buch angewandt wird, nicht von Bedeutung. Konventionelle Hefe wird mithilfe von Melasse aus Zuckerrohr hergestellt, das mit Kunstdünger und Spritzmitteln gezüchtet wurde, und ihr werden unter anderem synthetische Vitamine zugesetzt. Bevor die Hefe fertig ist, wird sie in einem chemischen Prozess gereinigt, der stark verunreinigtes Abwasser hinterlässt. Biohefe wird dagegen auf biologischer Rübenmelasse gezüchtet und nicht chemisch gereinigt.

## TÖPFE UND BACKFORMEN

Für die Brotrezepte in diesem Buch lassen sich ganz unterschiedliche Backformen verwenden. Bedingung ist nur, dass sie ofenfest sind. Ein schmiedeeiserner Topf oder ein glasierter Römertopf eignen sich sehr gut, aber ebenso hitzebeständige Glasformen sowie Pastetenformen und Keramikformen.

Formen ohne Deckel kann man mit Alufolie bedecken, die – falls man in einem Heißluftofen backt – mit Küchengarn festgehalten wird. Sie können aus Energiespargründen auch mehrere Brote gleichzeitig backen, wenn im Ofen Platz für die Formen ist. Energie sparen Sie auch, wenn Sie an einem Tag backen, an dem der Ofen sowieso schon in Benutzung ist.

## METALLFORMEN UND BLECHE

Leichteres Brot kann man in Metallformen backen – die Brötchen im Rezept auf Seite 106 in einer Muffin-Form aus Metall, die Flutes (Seite 116) auf einem Backblech. Generell ist die Backzeit in Metallformen kürzer als in schwereren Formen oder Töpfen. Damit der Teig nicht anbrennt, bestreut man den Boden der Form mit reichlich Mehl, bevor man den Teig hineingibt. Achtung: Roggenbrot ist nicht für das Backen in Metallformen geeignet, denn der Teig klebt in der Form.

GRUND-
REZEPT

# GRUNDREZEPT

Am besten starten Sie mit diesem Grundrezept. Es ist wunderbar einfach – und bringt ganz sicher das gewünschte Ergebnis in Form eines herrlich duftenden Brotes mit krosser Kruste.

*½ TL Hefe*
*500 ml kaltes Wasser*
*3 TL Salz*
*1 TL Rohrohrzucker*
*ca. 650 g Weizenmehl (die Hälfte kann durch grobes Mehl ersetzt werden)*
*+ etwas mehr*
*Öl für die Schüssel, zum Gehen*

In einem 1½-Liter-Topf gebacken; viel Teig in einem kleinen Topf ergibt ein hohes Brot, daher habe ich den Topf hier mit Alufolie abgedeckt. >

1. Die Hefe im Wasser anrühren und Salz und Zucker zufügen. Rühren, bis die Hefe sich vollständig aufgelöst hat.

2. Das Mehl zufügen und den Teig zusammenrühren. Abwägen, wie viel Mehl hinein soll. Der Teig sollte feucht, aber nicht flüssig sein.

3. Die Schüssel mit einem Tuch oder Frischhaltefolie bedecken und den Teig mindestens 12 Stunden bei Zimmertemperatur gehen lassen.

4. Den Teig auf eine gut bemehlte Arbeitsfläche geben und von jeder Seite aus vier- bis fünfmal zusammenfalten. Dabei einen Spatel verwenden. Der Teig wird während des Gehens flüssiger. Ist der Teig zu weich, noch etwas mehr Weizenmehl zufügen.

5. Die Schüssel einölen und den Teig zum Gehen wieder hineinlegen.

6. Die Schüssel mit einem Tuch bedecken und den Teig weitere 2 Stunden gehen lassen.

7. Den Topf oder die Form in den Ofen stellen und auf 250 °C vorheizen. Wenn die Temperatur erreicht ist, noch einige Minuten warten, bis sicher ist, dass der Topf oder die Form gut erhitzt sind.

8. Topf oder Form aus dem Ofen nehmen, etwas Mehl hineinstreuen und den Teig hineingeben. Deckel oder Alufolie auflegen (Alufolie beim Backen mit Umluft mit Küchengarn fixieren). Topf oder Form sofort wieder in den Ofen stellen.

9. Das Brot etwa 30 Minuten backen. Hitze dann auf 225 °C reduzieren und die Alufolie entfernen.

10. Brot weitere 15–20 Minuten fertig backen, bis die Oberfläche goldbraun ist. Herausnehmen und auf ein Kuchengitter stürzen. Das Brot erst anschneiden, wenn es ganz abgekühlt ist.

1. Der Teig ist etwa 12 Stunden gegangen.

3. Das Brot wurde abgedeckt 30 Minuten gebacken.

2. Der Teig wurde ein paarmal gefaltet und soll nun weitere 2 Stunden gehen.

4. Das Brot ist fertig und kann aus dem Ofen genommen werden.

## AM BESTEN GROBES MEHL VERWENDEN

Der Grundteig von Seite 12 besteht ausschließlich aus weißem Weizenmehl. Ich empfehle aus geschmacklichen und gesundheitlichen Gründen, auch gröberes Mehl wie Vollkornweizenmehl, Weizenvollschrot (Grahammehl), grobes Dinkelmehl, Hartweizenmehl (Durummehl), Haferflocken oder Vollkornroggenmehl sowie Körner, Samen, Nüsse etc. zu verwenden. Ersetzen Sie zum Beispiel ein Viertel oder auch die Hälfte des weißen Mehls durch gröbere Mehlsorten. Es gilt: Je größer der Anteil an grobem Mehl ist, desto schwerer wird das Brot. Ausschließlich mit Weizenmehl gebackenes Brot ist sehr viel leichter.

Je nach Geschmack können Sie dem Teig mehr oder weniger Salz zufügen. Die in den Rezepten angegebene Menge Salz ist eher niedrig angesetzt. Wird dem Teig etwas Zucker zugefügt, soll das die Hefe »in Gang bringen« – und nicht das Brot süßen.

Die folgenden Rezepte sind allesamt Variationen des Grundrezepts von Seite 12. Viele Rezepte sind für verhältnismäßig kleine Brote gedacht – je nach Bedarf lässt sich die Menge problemlos verdoppeln.

Alle Brote kann man gut einfrieren. Nach dem Auftauen sollten sie entweder im Ofen oder auf einem Toaster noch einmal aufgewärmt werden.

## UND WAS GIBT'S LECKERES ZUM BROT?

Ein gutes Stück Brot schreit nach einem ebenso guten Belag. In diesem Buch gibt es immer wieder Vorschläge für Köstliches, das man als Belag auf dem Brot oder zum Brot genießen kann.

## 10 TIPPS FÜR DAS BROTBACKEN

1. Lassen Sie den Teig bei Zimmertemperatur mindestens 12 Stunden gehen – gern auch länger. Anschließend weitere 2 Stunden gehen lassen. Der Teig wird während des Gehens flüssiger.
2. Geben Sie den Teig auf eine bemehlte Arbeitsfläche und falten Sie ihn von jeder Seite aus vier- bis fünfmal zusammen. Sie werden schnell das Gefühl für die richtige Teigstruktur bekommen.
3. Wenn der Teig während des Gehens zu weich geworden ist, fügen Sie etwas Weizenmehl hinzu. Der Teig sollte feucht sein, aber beim Falten nicht an der Arbeitsfläche kleben.
4. Geben Sie etwas Öl in die Schüssel, in der der Teig weiter gehen soll, und bedecken Sie die Schüssel mit einem Tuch.
5. Stellen sie den schmiedeeisernen Topf mit Deckel oder die ofenfeste Ton- bzw. Porzellanform mitsamt Deckel in den kalten Ofen und heizen sie ihn auf 250 °C auf.
6. Halten Sie stets gut isolierende Topflappen oder Handschuhe parat, denn man kann sich an der glühend heißen Form schnell verbrennen.
7. Ist die Temperatur von 250 °C erreicht, warten Sie noch einige Minuten länger, damit sicher ist, dass Ofen sowie Topf/Form gut aufgeheizt sind.
8. Nehmen Sie den Topf oder die Form aus dem Ofen, bestreuen Sie sie mit Mehl und geben Sie den Teig hinein. Legen Sie den Deckel auf und stellen Sie den Topf sofort wieder in den Ofen.
9. Decken Sie die Form mit Alufolie ab, wenn es keinen Deckel dafür gibt, und verwenden Sie Küchengarn zum Fixieren der Folie.
10. Wägen Sie ab, wie lange das Brot backen soll, nachdem der Deckel oder die Alufolie entfernt wurde. Die Backzeit hängt von der Größe der Portion sowie vom Ofen ab. Klopfen Sie gegen den Boden des Brotes. Wenn es hohl klingt, ist das Brot fertig.

# BROT MIT VOLLKORN UND KÖRNERN

# QUINOABROT

Dieses gesunde Brot sieht appetitlich aus und schmeckt herrlich. Die winzigen Samen, die in den Anden angebaut werden, sind bei uns unglaublich populär geworden. Das ist mehr als verständlich, denn Quinoasamen sind nicht nur lecker, sondern auch sehr proteinhaltig.

*100 g schwarzes oder rotes Quinoa*
*Salz*
*1 erbsengroßes Stück Hefe*
*1½ TL Salz*
*1 TL Rohrohrzucker*
*300 ml kaltes Wasser*
*150 g Vollkornweizenmehl*
*ca. 350 g Weizenmehl*
*Öl für die Schüssel, zum Gehen*

1. Quinoa etwa 10 Minuten einweichen und abspülen.
2. In der doppelten Menge Wasser mit 1 Prise Salz 18–20 Minuten kochen und danach abkühlen lassen.
3. Den Teig nach dem Grundrezept auf Seite 12 zubereiten und die angegebenen Zutaten verwenden. Dabei die abgekühlten Quinoa-Samen vor dem Vollkornmehl zufügen und 1 Esslöffel der Samen zum Bestreuen übrig lassen.
4. Die übrigen Quinoa-Samen auf den Teig streuen, wenn er in die heiße, bemehlte Form gegeben wurde. Die Samen mit einem nassen Backpinsel etwas in den Teig drücken.
5. Den Deckel oder Alufolie auf die Form legen.
6. Im vorgeheizten Ofen bei 250 °C etwa 20 Minuten backen.
7. Den Deckel oder die Alufolie abnehmen und die Hitze auf 225 °C reduzieren.
8. Das Brot weitere 10 Minuten fertig backen.

In einer 1½-Liter-Kastenform gebacken;
siehe auch Foto ganz vorne im Buch

# FRANZÖSISCHES VOLLKORNBROT

Dieses Brot hat Substanz! Es wurde mit Mohn und zerstoßenen Körnern verfeinert. Ich bevorzuge zerstoßene Körner im Brot, weil es unangenehm sein kann, auf ein ganzes, hartes Korn zu beißen. Das Brot wird schwerer oder leichter, je nachdem, ob man dem Teig mehr Weizenvollschrot (Grahammehl) zufügt oder ihn ausschließlich mit weißem Mehl zubereitet.

*100 g zerstoßene oder zerschnittene Weizenkörner*
*1 erbsengroßes Stück Hefe*
*300 ml Wasser*
*1½ TL Salz*
*1 TL Rohrohrzucker*
*ca. 350 g Weizenmehl (davon nach Belieben 100 g Weizenvollschrot)*
*Öl für die Schüssel, zum Gehen*
*2 EL Mohnsamen*

1. Die zerstoßenen oder zerschnittenen Körner in etwa 200 ml Wasser etwa 15 Minuten kochen. Abgießen und abkühlen lassen.

2. Den Teig nach dem Grundrezept auf Seite 12 zubereiten und die angegebenen Zutaten verwenden. Dabei die Körner vor dem Weizenmehl in die Flüssigkeit einrühren.

3. Den fertig gegangenen Teig in die erhitzte und bemehlte Form geben und mit den Mohnsamen bestreuen. Die Samen mit einem nassen Backpinsel etwas in den Teig drücken.

4. Den Deckel oder Alufolie auf die Form legen.

5. Im vorgeheizten Ofen bei 250 °C etwa 30 Minuten backen.

6. Den Deckel oder die Alufolie abnehmen und die Hitze auf 225 °C reduzieren.

7. Das Brot weitere 15 Minuten fertig backen.

In einer 1-Liter-Kastenform gebacken

# »SAMENSNAPPER«-BROT

Samen und Körner geben diesem Brot ein Plus an Vitaminen, Mineralstoffen – und Geschmack. Die größte Ausbeute an Nährstoffen bekommen Sie, wenn Sie frisch gemahlene Leinsamen und Sesamsamen zugeben. Die Kürbiskerne können gern auch grob gehackt werden.

*1 erbsengroßes Stück Hefe*
*350 ml kaltes Wasser*
*2 TL Salz*
*1 TL Rohrohrzucker*
*100 g Weizenvollschrot (Grahammehl)*
*50 g Sonnenblumenkerne*
*50 g Kürbiskerne, nach Belieben grob gehackt*
*25 g Leinsamen*
*25 g Sesamsamen*
*ca. 200 g Weizenmehl (Typ 00)*
*Öl für die Schüssel, zum Gehen*

1. Den Teig nach dem Grundrezept auf Seite 12 zubereiten und die angegebenen Zutaten verwenden. Dabei die Samen und Kerne zusammen mit dem Weizenvollschrot in den Teig einrühren. Ein paar davon zum Bestreuen übrig lassen.

2. Den fertig gegangenen Teig in die erhitzte und bemehlte Form geben und mit den restlichen Samen und Kernen bestreuen. Mit einem nassen Backpinsel etwas in den Teig drücken.

3. Den Deckel oder Alufolie auf die Form legen.

4. Im vorgeheizten Ofen bei 250 °C etwa 30 Minuten backen.

5. Den Deckel oder die Alufolie abnehmen und die Hitze auf 225 °C reduzieren.

6. Das Brot weitere 15 Minuten fertig backen.

In einer 1½-Liter-Form gebacken

# FRANZÖSISCHES GRAHAMBROT

Dieses Brot à la français bringt einen Hauch von Nostalgie auf den Tisch. Weizenvollschrot, auch als Grahammehl bekannt, bereichert das Weißbrot. Es erhält dadurch nicht nur mehr Konsistenz und Geschmack, sondern auch viele gesunde Inhaltsstoffe.

*½ TL Hefe*
*500 ml kaltes Wasser*
*2½ TL Salz*
*1 TL Rohrohrzucker*
*300 g Weizenvollschrot (Grahammehl)*
*ca. 350 g Weizenmehl*
*Öl für die Schüssel, zum Gehen*

1. Den Teig nach dem Grundrezept auf Seite 12 zubereiten und die angegebenen Zutaten verwenden.
2. Den fertig gegangenen Teig in die erhitzte und bemehlte Form geben und im vorgeheizten Ofen bei 250 °C etwa 30 Minuten backen.
3. Den Deckel oder die Alufolie abnehmen und die Hitze auf 225 °C reduzieren.
4. Das Brot weitere 20 Minuten fertig backen.

## TOMATENCONFIT

Dazu 300 g Cherrytomaten halbieren und in 50 ml heißes Olivenöl geben. Hitze reduzieren, sobald die Tomaten etwas angebräunt sind. Nach Belieben 1–2 Teelöffel getrocknetes Basilikum, Majoran oder Thymian sowie je 1 Prise Salz und Pfeffer zufügen. Tomaten 30–40 Minuten sanft köcheln lassen. Hin und wieder umrühren und mit Zitronensaft, Salz, Pfeffer und evtl. 1 Prise Zucker abschmecken. Das Confit hält sich im Kühlschrank in einem luftdicht verschlossenen Glas knapp eine Woche.

In einer 2-Liter-Form gebacken 〉

# HAFERFLOCKENBROT MIT LEINSAMEN

Haferflocken geben diesem klassischen Brot eine rustikalere Note – aber nicht zu rustikal. Das Brot ist leicht und schön saftig – und schmeckt herzhaft! Mahlen Sie die Leinsamen am besten in einer Kaffeemühle, dann erhalten Sie mehr gesunde Nährstoffe.

*1 erbsengroßes Stück Hefe*
*350 ml kaltes Wasser*
*2 TL Salz*
*1 TL Rohrohrzucker*
*50 g Leinsamen*
*125 g Haferflocken*
*ca. 200 g Weizenmehl*
*Öl für die Schüssel, zum Gehen*

1. Den Teig nach dem Grundrezept auf Seite 12 zubereiten und die angegebenen Zutaten verwenden. Dabei Haferflocken und Leinsamen vor dem Weizenmehl in die Flüssigkeit einrühren und etwas von den Haferflocken und Leinsamen zum Bestreuen übrig lassen.

2. Den fertig gegangenen Teig in die erhitzte und bemehlte Form geben und mit den übrigen Leinsamen und Haferflocken bestreuen. Mit einem nassen Backpinsel etwas in den Teig drücken.

3. Den Deckel oder Alufolie auf die Form legen.

4. Im vorgeheizten Ofen bei 250 °C etwa 25 Minuten backen.

5. Den Deckel oder die Alufolie abnehmen und die Hitze auf 225 °C reduzieren.

6. Das Brot weitere 15 Minuten fertig backen.

In einer 1½-Liter-Form gebacken 〉

# KRUSKABROT

Kruska ist die Bezeichnung für eine Mischung aus zerstoßenen Weizen-, Roggen-, Gerste- und Haferkörnern. Die zerstoßenen Körner verleihen dem Brot Nährstoffe und Gewicht – und eine schöne, grobe Struktur. Kruskabrot ist ein dunkles, süßliches und aromatisches Brot.

*100 g Kruska (Mischung aus Weizen, Roggen, Gerste und Hafer, die durch den schwedischen Ernährungsforscher Are Waerland bekannt wurde)*
*Salz*
*1 gut erbsengroßes Stück Hefe*
*400 ml kaltes Wasser*
*2 TL Salz*
*1 TL Rohrohrzucker*
*250 g Vollkornemmer- oder Dinkelmehl*
*ca. 350 g Weizenmehl*
*Öl für die Schüssel, zum Gehen*

1. Die Kruska-Mischung in der doppelten Menge Wasser und mit 1 Prise Salz etwa 10 Minuten kochen. Das Wasser sollte vollständig verdampft sein.

2. Die Kruska abkühlen lassen.

3. Den Teig nach dem Grundrezept auf Seite 12 zubereiten und die angegebenen Zutaten verwenden. Dabei die Kruska vor dem Vollkornmehl zufügen.

4. Den fertig gegangenen Teig in die erhitzte und bemehlte Form geben.

5. Den Deckel oder Alufolie auf die Form legen.

6. Im vorgeheizten Ofen bei 250 °C etwa 30 Minuten backen.

7. Den Deckel oder die Alufolie abnehmen und das Brot weitere 20 Minuten fertig backen.

In einer 1½-Liter-Kastenform gebacken 〉

# PERLDINKELBROT

Dinkel ist angesagt – sowohl die Körner als auch das Mehl. Dinkel in beiden Formen findet sich auch in diesem kräftigen Brot. Am besten kocht man die ganzen Körner, bevor man sie in den Teig gibt. Dann ist das Risiko geringer, dass die Körner im Brot zum Kauen zu hart sind.

*75 g Perldinkel*
*Salz*
*1 erbsengroßes Stück Hefe*
*350 ml kaltes Wasser*
*2 TL Salz*
*1 TL Rohrohrzucker*
*150 g Vollkorndinkelmehl*
*ca. 200 g Weizenmehl*
*Öl für die Schüssel, zum Gehen*

1. Den Perldinkel in die doppelte Menge Wasser mit 1 Prise Salz geben. Die Körner etwa 15 Minuten kochen, abtropfen und abkühlen lassen.

2. Den Teig nach dem Grundrezept auf Seite 12 zubereiten und die angegebenen Zutaten verwenden. Dabei die ganzen Körner vor dem Dinkelmehl zufügen.

3. Den fertig gegangenen Teig in die erhitzte und bemehlte Form geben.

4. Den Deckel oder Alufolie auf die Form legen.

5. Im vorgeheizten Ofen bei 250 °C etwa 30 Minuten backen.

6. Den Deckel oder die Alufolie abnehmen und die Hitze auf 225 °C reduzieren.

7. Das Brot weitere 15–20 Minuten fertig backen.

In einer 1½-Liter-Form gebacken

# KÜRBISKERNBROT MIT TANG

Seinen feinen, nussigen Geschmack verdankt das Brot den gebackenen Kürbiskernen. Hinzu kommt Arame-Tang, der viele Mineralstoffe enthält und daher supergesund ist. Zusammen mit den Kürbiskernen verleiht er dem Brot ein interessantes Farbenspiel.

*1 erbsengroßes Stück Hefe*
*400 ml kaltes Wasser*
*2½ TL Salz*
*1 TL Rohrohrzucker*
*100 g Kürbiskerne*
*10 g getrockneter Arame-Tang, eingeweicht*
*200 g Dinkelmehl*
*ca. 250 g Weizenmehl*
*Öl für die Schüssel, zum Gehen*

1. Den Teig nach dem Grundrezept auf Seite 12 zubereiten und die angegebenen Zutaten verwenden. Dabei den Großteil der Kürbiskerne und des Tangs zusammen mit dem Salz und dem Zucker in die Flüssigkeit einrühren.
2. Ein paar Kürbiskerne und etwas Tang zum Belegen des Teigs übrig lassen.
3. Den fertig gegangenen Teig in den heißen, bemehlten Topf oder die Form geben.
4. Mit den restlichen Kürbiskernen und dem abgetropften Tang bestreuen. Beides mit einem nassen Backpinsel leicht in die Oberfläche des Teigs drücken.
5. Den Deckel oder Alufolie auf den Topf oder die Form legen.
6. Im vorgeheizten Ofen bei 250 °C etwa 30 Minuten backen.
7. Den Deckel oder die Alufolie abnehmen und die Hitze auf 225 °C reduzieren.
8. Das Brot weitere 15–20 Minuten fertig backen.

In einem 1½-Liter-Topf gebacken;
siehe auch Foto Seite 18–19

# FÜNFKORNBROT

Für dieses Brot habe ich Fünfkornflocken mit Gersten- und Roggenkörnern sowie Sonnenblumenkerne, Leinsamen und Sesamsamen verwendet. Falls Sie ein Brot mit fünf »richtigen« Körnersorten möchten, kann man stattdessen auch eine Mischung von zerstoßenen Gersten-, Roggen-, Weizen- und Dinkelkörnern sowie Haferflocken (zu gleichen Teilen) verarbeiten.

*1 erbsengroßes Stück Hefe*
*350 ml kaltes Wasser*
*1½ TL Salz*
*1 TL Rohrohrzucker*
*100 g Fünfkornflocken*
*100 g Weizenvollschrot (Grahammehl)*
*ca. 250 g Øland-Weizenmehl (Seite 38)*
*oder ein anderes Weizenmehl*
*Öl für die Schüssel, zum Gehen*

1. Den Teig nach dem Grundrezept auf Seite 12 zubereiten und die angegebenen Zutaten verwenden. Dabei etwas von den Fünfkornflocken zum Bestreuen übrig lassen.
2. Den fertig gegangenen Teig in den heißen, bemehlten Topf geben und die übrigen Fünfkornflocken auf den Teig streuen.
3. Den Deckel oder Alufolie auflegen.
4. Im vorgeheizten Ofen bei 250 °C etwa 30 Minuten backen.
5. Den Deckel oder die Alufolie abnehmen und die Hitze auf 225 °C reduzieren.
6. Das Brot weitere 20 Minuten fertig backen.

## TOMATEN-OLIVEN-AUFSTRICH

Etwa 10 getrocknete Tomaten in Öl und 50 g schwarze Oliven fein hacken. Tomaten und Oliven in 100 g Frischkäse einrühren. Danach 1 Esslöffel Tomatenmark und 1–2 Teelöffel Thymian zufügen. Mit Zitronensaft, Salz und Pfeffer abschmecken.

In einem 2,4-Liter-Topf gebacken

# ØLANDBROT MIT SESAMSAMEN

Das Mehl aus dem speziellen Weizen, der auf der schwedischen Insel Øland wächst, bekommt man sogar hierzulande im Handel. Es hat einen ausgesprochen hohen Proteingehalt – und das Brot geht mit diesem Mehl besonders gut auf. Es muss aber nicht unbedingt Mehl aus Øland-Weizen sein. Man kann für dieses Rezept auch jedes andere Weizenmehl verwenden.

*1 erbsengroßes Stück Hefe*
*350 ml kaltes Wasser*
*2 TL Salz*
*1 TL Rohrohrzucker*
*50 g Sesamsamen*
*100 g Weizenvollschrot (Grahammehl)*
*ca. 350 g Øland-Weizenmehl (bei »Manufactum« als »Ølands Hvede Mel« erhältlich) oder ein anderes Weizenmehl*
*Öl für die Schüssel, zum Gehen*

1. Den Teig nach dem Grundrezept auf Seite 12 zubereiten und die angegebenen Zutaten verwenden. Dabei die Sesamsamen vor dem Mehl in die Flüssigkeit einrühren und ein wenig davon zum Bestreuen des Brotes übrig lassen.

2. Den fertig gegangenen Teig in die erhitzte, bemehlte Form geben und mit den restlichen Sesamsamen bestreuen. Den Sesam mit einem nassen Backpinsel etwas in den Teig drücken. Den Deckel oder Alufolie auf die Form legen.

3. Im vorgeheizten Ofen bei 250 °C etwa 25 Minuten backen. Den Deckel oder die Alufolie abnehmen und die Hitze auf 225 °C reduzieren.

4. Das Brot weitere 15–20 Minuten fertig backen.

## AUFSTRICH AUS SONNENBLUMENKERNEN

Dazu 150 g Sonnenblumenkerne in einer trockenen Pfanne goldbraun rösten. Die Kerne abkühlen lassen und mit 2 Teelöffeln getrocknetem Basilikum, 1 Esslöffel Senf und 150 g Frischkäse verrühren. Mit Salz, Pfeffer, Senf und Zitronensaft abschmecken.

In einer 1-Liter-Form gebacken

# ROMANS FÜNFKORNBROT

Dieses Rezept stammt von meinem Bekannten Roman. Dieses Brot wird aufgrund der Fünfkornmischung, dem zerstoßenen Weizen und den Haferflocken schön grob. Man kann statt der Fünfkornmischung auch eine Kruskamischung (Seite 30) verwenden. Roman hatte sein Brot in einer dreimal so großen Portion und in einem sehr großen Topf gebacken.

*½ TL Hefe*
*500 ml kaltes Wasser*
*3 TL Salz*
*1 TL Rohrohrzucker*
*75 g fein geriebene Karotte*
*2 EL Olivenöl*
*75 g Fünfkornmischung*
*50 g zerstoßener Weizen*
*25 g Haferflocken*
*ca. 525 g Weizenmehl*

1. Den Teig nach dem Grundrezept auf Seite 12 zubereiten und die angegebenen Zutaten verwenden. Dabei die geriebene Karotte zusammen mit den restlichen Zutaten in die Flüssigkeit einrühren.

2. Den fertig gegangenen Teig in den erhitzten, bemehlten Topf geben.

3. Den Deckel oder Alufolie auf den Topf legen.

4. Im vorgeheizten Ofen bei 250 °C etwa 30 Minuten backen. Den Deckel oder die Alufolie abnehmen und die Hitze auf 225 °C reduzieren.

5. Das Brot weitere 20 Minuten fertig backen.

In einem 2-Liter-Topf gebacken 〉

# BURGERBRÖTCHEN

Die Burgerbrötchen wurden in Le-Creuset-Töpfchen mit Deckel gebacken, aber man kann auch kleine Metallformen verwenden, die mit Alufolie abgedeckt werden. Die Brötchen sind absolut lecker, gehaltvoll – und sowohl für Burger als auch als Frühstücksbrötchen geeignet.

*50 g Perldinkel*
*Salz*
*1 erbsengroßes Stück Hefe*
*300 ml kaltes Wasser*
*2 TL Salz*
*1 TL Rohrohrzucker*
*100 g Vollkorndinkelmehl*
*100 g Vollkornweizenmehl*
*ca. 225 g Weizenmehl*
*Öl für die Schüsseln, zum Gehen*

1. Perldinkel in der doppelten Menge Wasser mit 1 Prise Salz 15 Minuten kochen und abkühlen lassen.

2. Den Teig nach dem Grundrezept auf Seite 12 zubereiten und die angegebenen Zutaten verwenden. Dabei die Dinkelkörner vor dem Mehl in die Flüssigkeit einrühren.

3. Den gegangenen Teig in kleine Kugeln zerteilen und in kleinen Schüsseln oder leeren Joghurtbechern zum zweiten Mal gehen lassen.

4. Den fertig gegangenen Teig in die erhitzten, bemehlten Töpfchen gleiten lassen. Deckel auf die Töpfe setzen.

4. Im vorgeheizten Ofen bei 250 °C etwa 15 Minuten backen. Deckel abnehmen und die Hitze auf 225 °C reduzieren.

5. Die Brötchen weitere 10 Minuten fertig backen.

In kleinen 300-ml-Töpfchen mit Deckel gebacken;
die Portion ergibt ca. 8 Burgerbrötchen

LE CREUSET
LE CREUSET

# GERSTENBROT MIT VOLLKORN

Gerste ist eine der ältesten Getreidesorten. Sie ist widerstandsfähig und wächst sogar auf sehr magerem Boden. Das sieht man unter anderem in den Hochebenen von Tibet, wo man Gerste anbaut und so gut wie ausschließlich Gerstenbrot backt.

*50 g Perlgerste*
*1 erbsengroßes Stück Hefe*
*350 ml kaltes Wasser*
*1½ TL Salz*
*1 TL Rohrohrzucker*
*25 g Leinsamen + ein wenig mehr, zum Bestreuen*
*250 g Gerstenmehl*
*ca. 200 g Hartweizenmehl*
*Öl für die Schüssel, zum Gehen*

1. Die Perlgerste in der doppelten Menge Wasser etwa 15 Minuten kochen. Die Körner abkühlen lassen. Falls vorhanden, überschüssiges Wasser abgießen und evtl. als Flüssigkeit für den Teig verwenden.

2. Den Teig nach dem Grundrezept auf Seite 12 zubereiten und die angegebenen Zutaten verwenden. Dabei die gekochten Körner zusammen mit den Leinsamen in die Flüssigkeit geben.

3. Den gegangenen Teig in die heiße, bemehlte Form geben und mit den übrigen Leinsamen bestreuen. Die Samen mit einem nassen Backpinsel etwas in den Teig drücken.

4. Den Deckel oder Alufolie auf die Form legen.

5. Im vorgeheizten Ofen bei 250 °C etwa 30 Minuten backen.

6. Den Deckel oder die Alufolie abnehmen und die Hitze auf 225 °C reduzieren.

7. Das Brot weitere 15 Minuten fertig backen.

In einer 1½-Liter-Form gebacken

HELLES BROT,
NUSSBROT UND
GEWÜRZBROT

# MITTELMEERBROT

Der Geschmack und der herrliche Kräuterduft dieses Brotes ist ganz vom Süden inspiriert. Trotz der Zugabe von Weizenvollschrot ist das Brot leicht und luftig – eben ganz mediterran. Es eignet sich hervorragend als Beilage zu einer herzhaften Suppe oder zu einem Salat.

*1 erbsengroßes Stück Hefe*
*300 ml kaltes Wasser*
*2 TL Salz*
*1 TL Rohrohrzucker*
*100 g Weizenvollschrot (Grahammehl)*
*1 EL getrocknete und gerebelte Kräuter der Provence*
*ca. 200 g Hartweizenmehl*
*8–10 schwarze Oliven, entsteint*
*Öl für die Schüssel, zum Gehen*

1. Den Teig nach dem Grundrezept auf Seite 12 zubereiten und die angegebenen Zutaten verwenden, dabei aber die schwarzen Oliven aufsparen.
2. Den fertig gegangenen Teig in die erhitzte und bemehlte Form geben und die schwarzen Oliven in den Teig drücken.
3. Den Deckel oder Alufolie auf die Form legen.
4. Im vorgeheizten Ofen bei 250 °C etwa 20 Minuten backen.
5. Den Deckel oder die Alufolie abnehmen und die Hitze auf 225 °C reduzieren.
6. Das Brot weitere 10 Minuten fertig backen.

## KNOBLAUCH-KAPERN-AUFSTRICH

Dazu 2 Esslöffel fein gehackte Schalotte, 2 gepresste Knoblauchzehen, 4 Esslöffel gehackte Kapern und 2 Esslöffel gehackte Cornichons (in Salz eingelegte Gürkchen) in 150 g Frischkäse einrühren. Mit Salz und Pfeffer abschmecken.

In einer 1-Liter-Form gebacken 〉

# MISCHBROT

Meine Großmutter hat oft und gern Mischbrot gebacken. Ich liebe dieses »altmodische« Brot. Das Mischbrot ist etwas fester in der Struktur und vielleicht nicht ganz so porös wie viele der anderen Brotsorten. Man könnte sagen, dass es geschmacklich eine Mischung aus Roggen- und Weißbrot ist – schließlich werden hier auch Roggen- und Weizenmehl verwendet.

*1 erbsengroßes Stück Hefe*
*350 ml kaltes Wasser*
*1½ TL Salz*
*1 TL Rohrohrzucker*
*2 EL Kümmel, nach Belieben,*
*ersatzweise 2 EL Fenchelsamen*
*250 g Roggenmischmehl*
*ca. 150 g Weizenmehl*
*Öl für die Schüssel, zum Gehen*

1. Den Teig nach dem Grundrezept auf Seite 12 zubereiten und die angegebenen Zutaten verwenden.
2. Den fertig gegangenen Teig in die erhitzte und bemehlte Form geben.
3. Den Deckel oder Alufolie auf die Form legen.
4. Im vorgeheizten Ofen bei 250 °C etwa 30 Minuten backen.
5. Den Deckel oder die Alufolie abnehmen und die Hitze auf 225 °C reduzieren.
6. Das Brot weitere 20 Minuten fertig backen.

## ARTISCHOCKENMUS

Dazu ein Glas gegrillte Artischocken abtropfen lassen und zusammen mit 2 Esslöffeln grob gehackten, getrockneten Tomaten pürieren. Etwa 2 Esslöffel gehacktes Basilikum zufügen. Das Püree sollte nicht zu fein in der Struktur sein. Mit Zitronensaft, Salz und Pfeffer abschmecken.

In einer 1½-Liter-Form gebacken

# DINKELBROT MIT WALNÜSSEN

Sowohl Dinkelmehl als auch feines Weizenmehl haben gute Backeigenschaften. So hat dieses Brot auch eine perfekte Konsistenz. Dazu kommt der kräftige Walnussgeschmack. Wer das nicht so gern mag: Die Walnüsse kann man durch Sonnenblumen- oder Kürbiskerne ersetzen.

*1 erbsengroßes Stück Hefe*
*350 ml kaltes Wasser*
*2 TL Salz*
*1 TL Rohrohrzucker*
*200 g Vollkorndinkelmehl*
*50 g Walnüsse, grob gehackt*
*+ ein paar Nüsse mehr, zum Bestreuen*
*ca. 150 g Weizenmehl (Typ 00)*
*Öl für die Schüssel, zum Gehen*

1. Den Teig nach dem Grundrezept auf Seite 12 zubereiten und die angegebenen Zutaten verwenden. Dabei die Walnüsse zusammen mit dem Vollkorndinkelmehl in den Teig einrühren.

2. Den fertig gegangenen Teig in die erhitzte, bemehlte Form geben und mit den restlichen Walnüssen bestreuen. Die Nüsse mit einem nassen Backpinsel etwas in den Teig eindrücken.

3. Den Deckel oder Alufolie auf die Form legen.

4. Im vorgeheizten Ofen bei 250 °C etwa 25 Minuten backen.

5. Den Deckel oder die Alufolie abnehmen und die Hitze auf 225 °C reduzieren.

6. Das Brot weitere 15 Minuten fertig backen.

In einer 1-Liter-Form gebacken ›

# MANDEL-ORANGEN-BROT

Früchte und Mandeln, Nüsse und Kerne ergeben ein richtiges Festtagsbrot. Veredelt wir dieses Brot aber noch durch das Aroma von Mandeln und Orangen. Die Mandeln können durch Pistazien oder Haselnüsse ersetzt werden – und die Orangen durch Zitronen. Dann kann es allerdings schlau sein, einen weiteren Löffel Rohrzucker hinzuzufügen.

*2–3 unbehandelte Orangen*
*200 ml kaltes Wasser*
*1 erbsengroßes Stück Hefe*
*2 TL Salz*
*1 TL Rohrohrzucker*
*50 g Mandeln, grob gehackt*
*+ 6–8 Mandeln zum Bestreuen, in Späne geschnitten*
*200 g Graham-Dinkelmehl*
*ca. 200 g Weizenmehl*
*Öl für die Schüssel, zum Gehen*

1. Etwa 2 Esslöffel Schale von den Orangen abreiben.
2. 250 ml Orangensaft auspressen. Schale und Saft zusammen mit dem Wasser in eine Schüssel geben.
3. Den Teig nach dem Grundrezept auf Seite 12 zubereiten und die angegebenen Zutaten verwenden. Dabei die Hefe im Orangenwasser auflösen und Salz und Zucker zufügen.
4. Die gehackten Mandeln in die Flüssigkeit einrühren.
5. Zuerst das Graham-Dinkelmehl, dann das Weizenmehl zufügen.
6. Den fertig gegangenen Teig in die erhitzte, bemehlte Form geben und mit den übrigen Mandelspänen bestreuen. Die Späne mit einem nassen Backpinsel etwas in den Teig drücken.
7. Den Deckel oder Alufolie auf die Form legen und im vorgeheizten Ofen bei 250 °C etwa 30 Minuten backen.
8. Den Deckel oder die Alufolie abnehmen. Die Hitze auf 225 °C reduzieren und das Brot weitere 15 Minuten fertig backen.

In einer 2-Liter-Form gebacken;
siehe auch Foto Seite 46–47

# EMMER-DINKELBROT MIT HASELNÜSSEN

Die Mischung aus Vollkornemmer- und Dinkelmehl ergibt ein »echtes« Brot mit einer angenehm kräftigen Struktur. Die Haselnüsse verleihen ihm ein besonderes Aroma und einen verführerischen Duft. Ich habe das Brot hier einmal zur Abwechslung in einer Kranzform gebacken.

*1 knapp erbsengroßes Stück Hefe*
*200 ml kaltes Wasser*
*1 TL Salz*
*1 TL Rohrohrzucker*
*50 g Haselnusskerne, grob gehackt*
*ca. 200 g Vollkornemmer- und Dinkelmehl*
*Öl für die Schüssel, zum Gehen*

1. Den Teig nach dem Grundrezept auf Seite 12 zubereiten und die angegebenen Zutaten verwenden. Dabei den Großteil der Nüsse in die Flüssigkeit einrühren, bevor das Mehl hinzugefügt wird.

2. Die restlichen Nüsse in die erhitzte Backform streuen und den fertig gegangenen Teig hineingeben. Wenn keine Kranzform verwendet wird, die Nüsse auf die Oberfläche des Teigs streuen und mit einem nassen Backpinsel etwas hineindrücken.

3. Die Form mit Alufolie bedecken.

4. Im vorgeheizten Ofen bei 250 °C etwa 20 Minuten backen.

5. Die Alufolie (oder den Deckel) abnehmen und die Hitze auf 225 °C reduzieren.

6. Das Brot weitere 15 Minuten fertig backen.

In einer ¾-Liter-Kranzform gebacken

# SAFRANBROT MIT SCHWARZKÜMMEL

Safran ist ein edles und kostspieliges Gewürz, das diesem Brot nicht nur den feinen Geschmack, sondern auch seine Farbe gibt. Ersatzweise lässt sich statt Safran auch Kurkuma (Gelbwurz) einsetzen. Dadurch bekommt das Brot ebenfalls eine appetitlich gelbe Farbe.

*½ TL Safranfäden*
*2 TL Salz*
*1 erbsengroßes Stück Hefe*
*300 ml kaltes Wasser*
*1 TL Rohrohrzucker*
*2 EL Schwarzkümmel + etwas mehr, zum Bestreuen*
*100 g Vollkornweizenmehl*
*250–300 g Weizenmehl*
*Öl für die Schüssel, zum Gehen*

1. Den Safran zusammen mit dem Salz in einen Mörser geben. Beides zusammen zerstoßen und 1 Esslöffel kochendes Wasser zufügen. Den Safran darin auflösen.

2. Den Teig nach dem Grundrezept auf Seite 12 zubereiten und die angegebenen Zutaten verwenden. Dabei das Safranwasser und den Schwarzkümmel vor dem Vollkornweizenmehl zufügen.

3. Den fertig gegangenen Teig in die erhitzte und bemehlte Form geben und mit dem übrigen Schwarzkümmel bestreuen. Den Schwarzkümmel mit einem nassen Backpinsel etwas in den Teig drücken.

4. Den Deckel oder Alufolie auf die Form legen.

5. Im vorgeheizten Ofen bei 250 °C etwa 25 Minuten backen. Den Deckel oder die Alufolie abnehmen und die Hitze auf 225 °C reduzieren.

6. Das Brot weitere 15 Minuten fertig backen.

In einer 1-Liter-Form gebacken

# SALBEIBROT

Salbei ist ein markantes Gewürz, das diesem Brot eine unverwechselbare geschmackliche Note verleiht. Wer den Geschmack von Salbeiblättern als zu intensiv empfindet, kann stattdessen frischen Thymian, Oregano oder Majoran verwenden.

*1 erbsengroßes Stück Hefe*
*400 ml kaltes Wasser*
*2 TL Salz*
*1 TL Rohrohrzucker*
*3 EL geschnittener Salbei*
*+ ein paar ganze Blätter mehr, zum Bestreuen*
*200 g Dinkelvollkornmehl*
*ca. 250 g Weizenmehl*
*Öl für die Schüssel, zum Gehen*

1. Den Teig nach dem Grundrezept auf Seite 12 zubereiten und die angegebenen Zutaten verwenden. Dabei den geschnittenen Salbei vor dem Dinkelvollkornmehl in den Teig einrühren.

2. Den fertig gegangenen Teig in die erhitzte und bemehlte Form oder in mehrere Förmchen geben. Die ganzen Salbeiblätter mit einem nassen Backpinsel in den Teig drücken. Deckel oder Alufolie auf die Form oder die Förmchen legen.

3. Ein großes Brot etwa 30 Minuten im vorgeheizten Ofen bei 250 °C backen, kleine Brote etwa 20 Minuten. Deckel oder Alufolie abnehmen und die Hitze auf 225 °C reduzieren.

4. Ein großes Brot weitere 20 Minuten fertig backen, kleine Brote 10–15 Minuten.

## TIPP

Falls Sie das Brot in kleinen Formen backen wollen, teilen Sie den Teig, bevor er zum zweiten Mal geht, in kleine Portionen und lassen Sie diese in leeren Joghurtbechern gehen. Daraus kann man den Teig einfach in die heißen Formen gleiten lassen, ohne dass die Luft herausgedrückt wird.

In Förmchen à 250 ml gebacken;
lässt sich auch gut in einer 1½-Liter-Form backen

# HELLES SAUERTEIGBROT

Das Backen mit Sauerteig funktioniert mit der »No-Knead-Bread«-Methode wunderbar. Um sicher zu gehen, dass der Teig in Gang kommt, kann man etwas Hefe hinzufügen oder ganz einfach eine fertige Portion Sauerteig im Bioladen kaufen. Der Sauerteig gibt dem Brot den typischen leicht säuerlichen Geschmack und eine schöne saftige Konsistenz.

*2 EL Sauerteig (siehe unten stehendes Rezept oder fertig gekaufter Teig)*
*1 knapp erbsengroßes Stück Hefe, nach Belieben*
*400 ml kaltes Wasser*
*2 TL Salz*
*1 TL Rohrohrzucker*
*200 g Hartweizenmehl*
*ca. 300 g Øland-Weizenmehl (Seite 38) oder ein anderes Weizenmehl*
*Öl für die Schüssel, zum Gehen*

1. Den Sauerteig ein paar Tage vor dem Backen ansetzen oder fertigen Sauerteig kaufen.

2. Den Teig nach dem Grundrezept auf Seite 12 zubereiten und die angegebenen Zutaten verwenden. Dabei den Sauerteig zusammen mit der Hefe ins Wasser einrühren.

3. Den fertig gegangenen Teig in die erhitzte und bemehlte Form geben. Den Deckel oder Alufolie auf die Form legen.

4. Im vorgeheizten Ofen bei 250 °C etwa 30 Minuten backen.

5. Deckel oder die Alufolie abnehmen und die Hitze auf 225 °C reduzieren. Das Brot weitere 20 Minuten fertig backen.

## SAUERTEIG-STARTER

Dazu 50 g Weizenmehl und 50 g Vollkorn- oder Roggenmehl in 100 ml lauwarmem Wasser anrühren. Etwas Joghurt und evtl. 1 Messerspitze Hefe zufügen, um die Gärung in Gang zu setzen. Die Konsistenz sollte zähflüssig sein. Mischung bei Zimmertemperatur 2–3 Tage stehen lassen, bis sie Blasen wirft und säuerlich riecht. Ein- bis zweimal am Tag umrühren. Eine Portion vom fertigen Teig abzweigen und bis zur nächsten Backaktion in den Kühlschrank stellen.

In einer 2,4-Liter-Form gebacken

# HARTWEIZENBROT MIT BIER UND WALNÜSSEN

Bier lässt sich als Teigflüssigkeit hervorragend einsetzen. Das Weizenbrot schmeckt dadurch ein wenig süßlich und erhält gleichzeitig eine leicht bittere Note. Außerdem bekommt es eine füllige Konsistenz und wird ausgesprochen knusprig. Ein echtes Genussbrot!

*½ TL Hefe*
*300 ml kaltes Wasser*
*200 ml Bier*
*2½ TL Salz*
*1 TL Rohrohrzucker*
*100 g zerstoßene Weizenkörner*
*50 g zerstoßene Walnusskerne*
*250 g Weizenvollschrot (Grahammehl)*
*ca. 350 g Hartweizenmehl*
*Öl für die Form, zum Gehen*

1. Den Teig nach dem Grundrezept auf Seite 12 zubereiten und die angegebenen Zutaten verwenden. Dabei die Hefe in den beiden Flüssigkeiten anrühren. Die Weizenkörner evtl. kochen (Seite 22).

2. Den fertig gegangenen Teig in die erhitzte und bemehlte Form geben. Den Deckel oder Alufolie auf die Form legen.

3. Im vorgeheizten Ofen bei 250 °C etwa 30 Minuten backen. Den Deckel oder die Alufolie abnehmen und die Hitze auf 225 °C reduzieren.

4. Das Brot weitere 20 Minuten fertig backen.

## TAPENADE

Das Olivenmus wird meist als Dip gegessen, man kann es aber auch im Brot mitbacken, wie im Rezept auf Seite 80. Dazu 100 g schwarze Oliven mit 2 Esslöffeln Olivenöl in einer Küchenmaschine pürieren. Etwas eingelegten Rosenpfeffer, 1–2 Esslöffel Kapern, 1–2 Knoblauchzehen und etwas abgeriebene Schale einer unbehandelten Zitrone zufügen. Erneut pürieren und mit Zitronensaft und Pfeffer abschmecken.

In einer 2-Liter-Form gebacken ›

# DUKKAHBROT

Dukkah ist der Name einer Mischung aus gehackten Nüssen und/oder Mandeln, Samen und verschiedenen Gewürzen. Dukkah stammt aus Nordafrika, wo man es zusammen mit Oliven- oder Arganöl und Brot isst. Man bricht kleine Stücke von einem guten Brot ab, tunkt es in Öl und danach in die Nuss-Gewürz-Mischung. Hier ist das Dukkah gleich ins Brot eingebacken.

*50 g Dukkah (siehe unten stehendes Rezept)*
*1 erbsengroßes Stück Hefe*
*400 ml kaltes Wasser*
*2 TL Salz*
*1 TL Rohrohrzucker*
*100 g Dinkelflocken*
*150 g Vollkornweizenmehl*
*ca. 250 g Weizenmehl*

1. Das Dukkah zubereiten (siehe unten).

2. Den Teig nach dem Grundrezept auf Seite 12 zubereiten und die angegebenen Zutaten verwenden. Dabei das Dukkah zusammen mit den Dinkelflocken in die Flüssigkeit einrühren. Etwas Dukkha zum Bestreuen des Brotes übrig lassen.

3. Den fertig gegangenen Teig in die erhitzte und bemehlte Form geben. Den Deckel oder Alufolie auf die Form legen.

4. Im vorgeheizten Ofen bei 250 °C etwa 30 Minuten backen.

5. Deckel oder die Alufolie abnehmen und die Hitze auf 225 °C reduzieren. Das Brot weitere 15–20 Minuten fertig backen.

## DUKKAH

Dazu 50–100 g Mandeln, Haselnüsse und Pistazien hacken. Zusammen mit ein paar Esslöffeln Sesam in einer trockenen Pfanne rösten, bis alles goldbraun ist, dann in eine Schüssel geben. Etwa 2 Esslöffel Kreuzkümmel und 1 Esslöffel Koriandersamen rösten, bis sie duften. Nach Belieben etwas getrocknetes Basilikum, Oregano oder Majoran zufügen. Gewürze in einem Mörser zerstoßen und unter die Mandeln, Nüsse und Pistazien mischen. Mit Salz abschmecken.

In einer 1½-Liter-Form gebacken

# GEWÜRZBROT

Dies ist ein Brot mit einem Geschmack wie aus 1001 Nacht. Die orientalischen Gewürze sind eine märchenhafte Überraschung für die Geschmacksknospen – und die Farbe des Brotes ist dank Kurkuma leuchtend gelb wie die Sonne selbst!

*1 erbsengroßes Stück Hefe*
*250 ml kaltes Wasser*
*1½ TL Salz*
*1 TL Rohrohrzucker*
*1 TL zerstoßener Sternanis*
*1 TL zerstoßene Koriandersamen*
*1 TL zerstoßener Kardamom*
*2 TL Kreuzkümmel*
*2 TL Kurkuma (Gelbwurz)*
*100 g Vollkorndinkelmehl*
*ca. 175 g Weizenmehl*
*Öl für die Schüssel, zum Gehen*

1. Den Teig nach dem Grundrezept auf Seite 12 zubereiten und die angegebenen Zutaten verwenden. Dabei die Gewürze vor dem Mehl in die Flüssigkeit einrühren (ein paar Gewürze zum Bestreuen übrig lassen).
2. Den fertig gegangenen Teig eher dünn in eine erhitzte und bemehlte Form geben. Ideal ist eine quadratische oder längliche Form.
3. Den Teig mit den restlichen Kräutern bestreuen.
4. Den Deckel oder Alufolie auf die Form legen.
5. Im vorgeheizten Ofen bei 250 °C etwa 25 Minuten backen.
6. Deckel oder die Alufolie abnehmen und die Hitze auf 225 °C reduzieren.
7. Das Brot weitere 15 Minuten fertig backen.

In einer flachen 1-Liter-Form gebacken

9 கோடி!
தமிழக
பயன் இல்லை

# GEWÜRZTES WEIHNACHTSBROT

Nicht nur zur Weihnachtszeit ... Zwar findet man in diesem wunderbaren Brot den besonderen Geschmack und Duft von Zimt, Nelken und Kardamom wieder, der Erinnerungen an Weihnachten weckt, aber man kann das Brot natürlich auch das restliche Jahr über genießen!

*1 erbsengroßes Stück Hefe*
*300 ml kaltes Wasser*
*2 TL Salz*
*1 TL Rohrohrzucker*
*2 TL zerstoßener Zimt*
*2 TL zerstoßene Nelken*
*1 TL zerstoßener Kardamom*
*1 TL zerstoßenes Piment*
*150 g Dinkelmehl*
*ca. 175 g Weizenmehl*
*Öl für die Form, zum Gehen*

1. Den Teig nach dem Grundrezept auf Seite 12 zubereiten und die angegebenen Zutaten verwenden. Dabei die Gewürze in die Flüssigkeit einrühren, bevor das Mehl hinzugefügt wird.

2. Den fertig gegangenen Teig in eine erhitzte, bemehlte Form geben.

3. Den Deckel oder Alufolie auf die Form legen.

4. Im vorgeheizten Ofen bei 250 °C etwa 20 Minuten backen. Den Deckel oder die Alufolie abnehmen und die Hitze auf 225 °C reduzieren.

5. Das Brot weitere 15–20 Minuten fertig backen.

## KIRSCHCONFIT

Dazu 300 g Kirschen entsteinen und etwa 30 Minuten in 50 ml Weißwein oder Wasser und mit ein paar Esslöffeln Rohrohrzucker köcheln lassen. Mit Zitronensaft und Rohrohrzucker abschmecken. Das Confit hält sich im Kühlschrank in einem luftdicht verschlossenen Gefäß eine Woche. Schmeckt zusammen mit Ziegenkäse wunderbar auf dem Brot!

In einer herzförmigen 1-Liter-Form gebacken 〉

# FRUCHT- UND GEMÜSEBROT

# KARTOFFELBROT

Gestampfte Kartoffeln sind eine köstliche Zutat für Brot, denn dadurch bekommt es eine besonders saftige Struktur. Und der Schwarzkümmel, der als Gewürz zugesetzt wird, macht das Ganze nicht nur bekömmlicher, sondern gibt dem Brot Charakter.

*150 g Kartoffeln*
*½ TL Hefe*
*350 ml kaltes Wasser*
*2 TL Salz*
*1 TL Rohrohrzucker*
*25 g Schwarzkümmel*
*200 g Weizenvollschrot (Grahammehl)*
*ca. 300 g Weizenmehl*
*Öl für die Schüssel, zum Gehen*

1. Die Kartoffeln kochen, abkühlen lassen, pellen und fein zerstampfen.

2. Den Teig nach dem Grundrezept auf Seite 12 zubereiten und die angegebenen Zutaten verwenden. Dabei den Kartoffelstampf zusammen mit dem Schwarzkümmel gut in die Flüssigkeit einrühren, bevor das Mehl zugefügt wird.

3. Den fertig gegangenen Teig in eine erhitzte, bemehlte Form geben.

4. Den Deckel oder Alufolie auf die Form legen.

5. Im vorgeheizten Ofen bei 250 °C etwa 20 Minuten backen. Den Deckel oder die Alufolie abnehmen und die Hitze auf 225 °C reduzieren.

6. Das Brot weitere ca. 15 Minuten fertig backen.

In einer 1½-Liter-Form gebacken

# MAISBROT

Brot mit Maismehl und Maiskörnern wird vorwiegend in Südamerika gegessen. Maisbrot ist eine tolle Abwechslung zum bekannten Weizenbrot, finde ich. Das Brot schmeckt durch die Maiskörner ein wenig süßlich – und die grobe Polenta verleiht ihm etwas mehr Substanz.

*1 knapp erbsengroßes Stück Hefe*
*350 ml kaltes Wasser*
*1½ TL Salz*
*1 TL Rohrohrzucker*
*75 g Maiskörner*
*50 g Sonnenblumenkerne*
*100 g Polenta (Maismehl)*
*250 g Hartweizenmehl*
*ca. 50 g Weizenmehl*
*Öl für die Schüssel, zum Gehen*

1. Den Teig nach dem Grundrezept auf Seite 12 zubereiten und die angegebenen Zutaten verwenden. Dabei den Mais und die Sonnenblumenkerne vor dem Mehl in die Flüssigkeit geben. Ein paar Sonnenblumenkerne zum Bestreuen des Brotes übrig lassen.

2. Den fertig gegangenen Teig in eine erhitzte, bemehlte Form geben. Die Oberfläche des Brotes mit den übrigen Sonnenblumenkernen bestreuen und die Kerne mit einem nassen Backpinsel etwas in den Teig drücken.

3. Den Deckel oder Alufolie auf die Form legen.

4. Im vorgeheizten Ofen bei 250 °C etwa 30 Minuten backen. Den Deckel oder die Alufolie abnehmen und die Hitze auf 225 °C reduzieren.

5. Das Brot weitere 15 Minuten fertig backen.

## BLAUBEERKONFITÜRE

Zusammen mit Maisbrot eine unschlagbare Kombination! Für eine kleine Portion 200 g Blaubeeren in 4–5 Esslöffel Blaubeersirup und 2 Esslöffel gehackter Minze köcheln lassen, bis die Blaubeeren ein wenig eingekocht sind. Etwas Zitronensaft und abgeriebene Schale einer unbehandelten Zitrone zufügen. Mit Sirup und Zitronensaft abschmecken.

In zwei Formen á 1 Liter gebacken

# ROTE-BETE-BROT MIT DILLSAMEN

Durch die Rote Bete bekommt dieses Brot Geschmack und Farbe. Ich habe hier zusätzlich Dillsamen aus Dillblütenständen zugegeben, aber man kann genauso gut stattdessen Fenchelsamen verwenden. Sie ergeben einen herrlich milden Lakritzgeschmack. Muss man probieren!

*100 g Rote Bete*
*1 erbsengroßes Stück Hefe*
*350 ml kaltes Wasser*
*2 TL Salz*
*1 TL Rohrohrzucker*
*1 EL Dillsamen (können durch Fenchelsamen ersetzt werden) + etwas mehr, zum Bestreuen*
*250 g Vollkornweizenmehl*
*ca. 250 g Øland-Weizenmehl (Seite 38) oder ein anderes Weizenmehl*
*Öl für die Schüssel, zum Gehen*

1. Rote Bete fein reiben (dazu Gummihandschuhe anziehen!).

2. Den Teig nach dem Grundrezept auf Seite 12 zubereiten und die angegebenen Zutaten verwenden. Dabei die Rote Bete zusammen mit den Dillsamen vor dem Vollkornweizenmehl zufügen.

3. Den fertig gegangenen Teig in die erhitzte und bemehlte Form geben. Mit den übrigen Fenchelsamen bestreuen und diese mit einem nassen Backpinsel ein wenig in den Teig drücken.

4. Den Deckel oder Alufolie auf die Form legen.

5. Im vorgeheizten Ofen bei 250 °C etwa 30 Minuten backen. Den Deckel oder die Alufolie abnehmen und die Hitze auf 225 °C reduzieren.

6. Das Brot weitere 15–20 Minuten fertig backen.

In einer 1½-Liter-Form gebacken

# ZUCCHINIBROT MIT TAPENADE

Zucchini ist ein wasserhaltiges Gemüse, deshalb sollte so viel Flüssigkeit wie möglich aus dem Gemüse herausgepresst werden, bevor es in den Teig kommt. Zucchini ergibt ein Brot mit feuchter Konsistenz. Man kann das Brot auch ohne Zucchini backen und sich nur mit der Tapenade im Brot (Rezept auf Seite 64) zufriedengeben.

*150 g Zucchini*
*1½ TL Salz*
*½ TL Hefe*
*400 ml kaltes Wasser*
*1 TL Salz*
*1 TL Rohrohrzucker*
*100 g Haferflocken*
*250 g Vollkornemmer- oder Dinkelmehl*
*ca. 300 g Weizenmehl*
*4 EL Tapenade (siehe Rezept Seite 64)*
*Öl für die Schüsseln, zum Gehen*

1. Die Zucchini grob reiben. In ein Sieb geben und mit Salz bestreuen. Etwa 30 Minuten ziehen lassen. Danach Flüssigkeit auspressen, damit der Teig nicht matschig wird.

2. Den Teig nach dem Grundrezept auf Seite 12 zubereiten und die angegebenen Zutaten verwenden. Dabei die geriebene Zucchini vor den Haferflocken zufügen. Etwas Zucchini zum Belegen des Teigs übrig lassen.

3. Den Teig in zwei Stücke teilen, wenn er gefaltet worden ist. Jeden Teil in eine eingeölte Schüssel legen und weitere 2 Stunden gehen lassen.

4. In der Zwischenzeit die Tapenade nach dem Rezept auf Seite 64 zubereiten.

5. Die eine Portion fertig gegangenen Teig in den heißen, bemehlten Topf geben und die Tapenade darauf verteilen. Die andere Portion Teig darübergeben und den Rest Zucchini auf der Oberfläche verteilen. Mit einem nassen Spatel glätten.

6. Den Deckel oder Alufolie auf den Topf legen und das Brot im vorgeheizten Ofen bei 250 °C etwa 30 Minuten backen.

7. Deckel oder die Alufolie abnehmen und die Hitze auf 225 °C reduzieren. Das Brot weitere 20 Minuten fertig backen.

In einem 2,4-Liter-Topf gebacken

# BROT MIT GETROCKNETEN TOMATEN UND KÄSE

Dies ist eines meiner absoluten Lieblingsbrote! Meiner Erfahrung nach lohnt es sich fast, ein dickes Schloss vor dem Brotkasten anzubringen. Das Brot ist unglaublich saftig und hat einen vollen, unwiderstehlich herzhaften Geschmack. Mhmmm ...

*1 erbsengroßes Stück Hefe*
*300 ml kaltes Wasser*
*2 TL Salz*
*1 TL Rohrohrzucker*
*50 g getrocknete Tomaten in Öl*
*50 g geriebener Hartkäse*
*1 EL frisch gemahlener Pfeffer*
*100 g Vollkorndinkelmehl*
*ca. 300 g Øland-Weizenmehl (Seite 38)*
*oder ein anderes Weizenmehl*
*2 EL Fenchelsamen*
*Öl für die Schüssel, zum Gehen*

1. Den Teig nach dem Grundrezept auf Seite 12 zubereiten und die angegebenen Zutaten verwenden. Dabei die Tomaten fein hacken und zusammen mit dem geriebenen Käse und Pfeffer vor dem Mehl in die Flüssigkeit geben.

2. Den fertig gegangenen Teig in die erhitzte, bemehlte Form geben und mit den Fenchelsamen bestreuen. Die Samen mit einem feuchten Backpinsel etwas in den Teig drücken.

3. Den Deckel oder Alufolie auf die Form legen.

4. Im vorgeheizten Ofen bei 250 °C etwa 30 Minuten backen. Den Deckel oder die Alufolie abnehmen und die Hitze auf 225 °C reduzieren.

5. Das Brot weitere 15 Minuten fertig backen.

In einer 1½-Liter-Kastenform gebacken

# KAROTTENBROT

Warum sieht das Karottenbrot aus wie ein Rote-Bete-Brot? Des Rätsels Lösung ist einfach: Verwendet habe ich hier eine alte, rote Karottensorte, daher die Rotfärbung. Das Brot schmeckt aber unverwechselbar nach Karotte. Sie können natürlich auch gewöhnliche Karotten verwenden. Dann bekommt das Brot allerdings nicht diese besonders schöne Farbe.

*100 g Karotten, nach Möglichkeit eine rote Sorte*
*1 erbsengroßes Stück Hefe*
*350 ml kaltes Wasser*
*2½ TL Salz*
*1 TL Rohrohrzucker*
*50 g zerstoßene Weizenkörner*
*100 g Weizenvollschrot (Grahammehl)*
*ca. 400 g Weizenmehl*
*Öl für die Schüssel, zum Gehen*

1. Die Karotten grob reiben und vor den Körnern und dem Mehl in die Flüssigkeit einrühren.

2. Den Teig nach dem Grundrezept auf Seite 12 zubereiten und die angegebenen Zutaten verwenden.

3. Den fertig gegangenen Teig in die erhitzte, bemehlte Form geben und den Deckel oder Alufolie auf die Form legen.

4. Im vorgeheizten Ofen bei 250 °C etwa 30 Minuten backen. Den Deckel oder die Alufolie abnehmen und die Hitze auf 225 °C reduzieren.

5. Das Brot weitere 15–20 Minuten fertig backen.

## PILZAUFSTRICH

Dazu 20 g getrocknete Steinpilze einweichen und fein hacken. Zusammen mit 4 Esslöffeln fein gehackte Schalotte und 4 Esslöffeln gehackten Haselnüssen in Öl anschwitzen. Die Mischung abkühlen lassen und in 150 g Frischkäse einrühren. Mit Zitronensaft, Salz und Pfeffer abschmecken.

In einer 1½-Liter-Form gebacken

# FOCACCIA MIT TOMATEN UND ROSMARIN

Eine Focaccia ist eine kleine Mahlzeit für sich, nicht zuletzt, wenn man sie in etwas Olivenöl tunkt. Die klassische Focaccia besteht eigentlich nur aus Teig, Rosmarin und Salz. Ich habe frische Tomaten hinzugefügt, die man auch durch getrocknete ersetzen kann. Ein weiteres Focaccia-Rezept finden Sie auf Seite 110. Hier wird der Teig in einer offenen Form gebacken.

*½ TL Hefe*
*400 ml kaltes Wasser*
*2 TL Salz*
*1 TL Rohrohrzucker*
*100 g Weizenvollschrot (Grahammehl)*
*ca. 500 g Weizenmehl*
*2–3 Stängel Rosmarin*
*8–10 Strauchtomaten*
*Olivenöl, zum Beträufeln*
*Maldonsalz (englisches Meersalz) oder ein anderes grobes Salz*

1. Den Teig nach dem Grundrezept auf Seite 12 zubereiten und die angegebenen Zutaten verwenden.
2. Den fertig gegangenen Teig in die erhitzte, bemehlte Form geben. Den Rosmarin und die Tomaten mitsamt Stiel auf den Teig legen und ein wenig hineindrücken. Mit einem Finger in den Teig stechen, sodass kleine Vertiefungen entstehen.
3. Den Teig mit Ölivenöl beträufeln und mit Salz bestreuen. Den Deckel auflegen und die heiße Form sofort wieder in den Ofen stellen.
4. Im vorgeheizten Ofen bei 250 °C etwa 20 Minuten backen.
5. Den Deckel entfernen und die Hitze auf 200 °C reduzieren.
6. Focaccia 20–25 Minuten fertig backen, bis die Oberfläche goldbraun ist.

In einer flachen 3,8-Liter-Form mit Deckel gebacken

# FRÜCHTEBROT

Süßes Brot mit Früchten war nie mein Leibgericht. Aber ich bin ein echter Fan von diesem Früchtebrot geworden. Als ich es das erste Mal für jemand anderen gebacken habe, probierte ich davon mit Genuss ein Stück nach dem anderen. Ehe ich mich versah, hatte ich tatsächlich die Hälfte des köstlichen Gebäcks aufgegessen ...

*10 g Trockenobst, z. B. Äpfel, Birnen, Aprikosen*
*100 g getrocknete Feigen*
*50 g entsteinte Datteln*
*50 g Walnusskerne oder andere Nüsse*
*½ TL Hefe*
*500 ml kaltes Wasser*
*3 TL Salz*
*1 TL Rohrohrzucker*
*50 g Rosinen*
*300 g Vollkorn-, Emmer- und Dinkelmehl*
*ca. 300 g Weizenmehl*
*Öl für die Schüssel, zum Gehen*

1. Das Trockenobst und die Walnusskerne grob hacken.
2. Den Teig nach dem Grundrezept auf Seite 12 zubereiten und die angegebenen Zutaten verwenden. Dabei das Trockenobst und die Nüsse in die Flüssigkeit geben, bevor das Mehl eingerührt wird.
3. Den fertig gegangenen Teig in die erhitzte, bemehlte Form geben.
4. Den Deckel oder Alufolie auf die Form legen.
5. Im vorgeheizten Ofen bei 250 °C etwa 30 Minuten backen. Den Deckel oder die Alufolie abnehmen und die Hitze auf 225 °C reduzieren.
6. Das Früchtebrot weitere 10–15 Minuten fertig backen.

In einer 3-Liter-Form gebacken;
siehe auch Foto Seite 72–73 ›

# LANDBROT MIT KARTOFFELN UND SALBEI

Kartoffeln und Salbei passen einfach zusammen! Die Kartoffeln geben dem Brot eine etwas schwammartige Konsistenz, was bedeutet, dass es nicht so schnell trocken wird. Und der Salbei steuert seinen speziellen, unbeschreiblichen Geschmack bei. Nicht jeder mag Salbei. Falls Sie kein Fan von Salbei sind, dann ersetzen Sie das Gewürz durch Thymian, Oregano oder Majoran.

*200 g Kartoffeln*
*1 gut erbsengroßes Stück Hefe*
*400 ml kaltes Wasser*
*1 TL Rohrohrzucker*
*2 TL Salz*
*4 EL Olivenöl*
*3½ EL gehackte Salbeiblätter*
*100 g Haferflocken*
*150 g Vollkornweizenmehl*
*ca. 400 g Weizenmehl*
*Öl für die Schüssel, zum Gehen*

1. Die Kartoffeln weich kochen und pellen. Danach fein zerdrücken.
2. Die Hefe im Wasser ganz auflösen und Zucker, Salz, Öl, zerdrückte Kartoffeln und Salbei zufügen.
3. Haferflocken und Vollkornmehl zufügen.
4. So viel Weizenmehl einrühren, dass der Teig recht fest wird.
5. Ein Tuch über die Schüssel legen und den Teig mindestens 12 Stunden gehen lassen.
6. Den Teig auf die Arbeitsfläche legen und nach dem Grundrezept auf Seite 12 (Schritt 4–10) vorgehen.
7. Im vorgeheizten Ofen bei 250 °C etwa 30 Minuten backen.
8. Den Deckel oder die Alufolie abnehmen und die Hitze auf 225 °C reduzieren.
9. Das Brot weitere 20 Minuten fertig backen.

In einer 2-Liter-Kastenform gebacken >

KLOVERBLAD

# ROGGENBROT

# KÖRNER-ROGGENBROT

Viele trauen sich nicht an das Backen von Roggenbrot heran, weil sie es für schwierig halten. Aber mit der »No-Knead-Bread«-Methode ist es kinderleicht, ein Roggenbrot mit Samen und Kernen wie dieses hier zu backen. Sobald der Teig zusammengerührt ist, hat sich die Arbeit fast erledigt. Und es ist ein tolles Gefühl, die ersten Scheiben von einem selbstgebackenen Roggenbrot aufzuschneiden.

*50 g Perlroggen*
*½ TL Hefe*
*600 ml kaltes Wasser*
*2 TL Salz*
*1 TL Rohrohrzucker*
*1 EL Tamari-Sojasauce*
*25 g Sesam*
*50 g Sonnenblumenkerne*
*50 g Kürbiskerne*
*300 g Roggenmehl*
*100 g Weizenvollschrot (Grahammehl)*
*ca. 400 g Weizenmehl*
*Öl für die Schüssel, zum Gehen*

1. Die Roggenkörner in der doppelten Menge Wasser etwa 15 Minuten kochen. Abkühlen und abtropfen lassen, falls noch Flüssigkeit übrig ist.

2. Den Teig nach dem Grundrezept auf Seite 12 zubereiten und die angegebenen Zutaten verwenden. Dabei die Roggenkörner zusammen mit den Kernen und Samen in die Flüssigkeit geben, bevor das Mehl zugefügt wird.

3. Den fertig gegangenen Teig in die erhitzte, bemehlte Form geben.

4. Den Deckel oder Alufolie auf die Form legen.

5. Im vorgeheizten Ofen bei 250 °C etwa 30 Minuten backen.

6. Den Deckel oder die Alufolie abnehmen und die Hitze auf 225 °C reduzieren.

7. Das Brot weitere 15–20 Minuten fertig backen.

8. Das Brot in ein Tuch wickeln und bis zum nächsten Tag ruhen lassen, bevor es angeschnitten wird.

In einer flachen, länglichen 2-Liter-Form gebacken

# VOLLKORNROGGENBROT MIT WALNÜSSEN

Wenn Sie der Meinung sind, Roggenbrot selbst zu backen sei mühsam, dann versuchen Sie es doch mal mit diesem Rezept. Die Zubereitung könnte wahrlich nicht simpler sein – und die Walnüsse geben dem Brot ein unverwechselbar feines Aroma.

*1 TL Hefe*
*400 ml kaltes Wasser*
*2 TL Salz*
*1 TL Rohrohrzucker*
*1 EL Tamari-Sojasauce*
*1 EL Essig*
*50 g zerstoßene Walnusskerne*
*75 g zerstoßene Roggenkörner*
*200 g grobes Mehl*
*100 g Vollkornweizenmehl*
*ca. 200 g Weizenmehl*
*Öl für die Schüssel, zum Gehen*

1. Den Teig nach dem Grundrezept auf Seite 12 zubereiten und die angegebenen Zutaten verwenden. Dabei Sojasauce, Essig, Nüsse und Roggenkörner in die Flüssigkeit einrühren, bevor das Mehl zugefügt wird.

2. Den fertig gegangenen Teig in die erhitzte, bemehlte Form geben.

3. Den Deckel oder Alufolie auf die Form legen.

4. Im vorgeheizten Ofen bei 250 °C etwa 30 Minuten backen. Den Deckel oder die Alufolie abnehmen und die Hitze auf 225 °C reduzieren.

5. Das Brot weitere 20 Minuten fertig backen.

6. Das Brot in ein Tuch wickeln und bis zum nächsten Tag ruhen lassen, bevor es angeschnitten wird.

In einer 2-Liter-Kastenform gebacken;
siehe auch Foto Seite 92–93

# ROGGENBROT MIT BIER UND KERNEN

Nachdem ich dieses Rezept entwickelt hatte, war mir klar, dass ich nie wieder fertiges Roggenbrot kaufen würde. Kerne und Samen machen das Brot herrlich grob. Trotzdem kann man es gut in dünne Scheiben schneiden. Und wie lecker es erst schmeckt! Der säuerliche Teig ergibt zusammen mit dem süßlichen Bier einen fein ausbalancierten Geschmack.

*75 g Perlroggen*
*2 EL Roggensauerteig (siehe Sauerteigrezept Seite 62 oder fertig gekaufter Teig)*
*100 ml kaltes Wasser*
*350 ml Bier*
*3 TL Salz*
*1 TL Rohrohrzucker*
*75 g Roggenflocken*
*50 g Sonnenblumenkerne*
*50 g Kürbiskerne + ein wenig mehr, zum Bestreuen*
*25 g Leinsamen*
*2 EL Chiasamen, nach Belieben*
*200 g Roggenmehl*
*ca. 200 g Weizenmehl*
*Öl für die Schüssel, zum Gehen*

1. Die Roggenkörner in der doppelten Menge Wasser etwa 15 Minuten kochen. Abtropfen und abkühlen lassen.

2. Den Teig nach dem Grundrezept auf Seite 12 zubereiten und die angegebenen Zutaten verwenden. Dabei die gekochten Körner zusammen mit den Roggenflocken und den restlichen Zutaten zufügen.

3. Den fertig gegangenen Teig in die erhitzte, bemehlte Form geben und mit den übrigen Kürbiskernen bestreuen. Die Kerne ein wenig in den Teig drücken.

4. Den Deckel oder Alufolie auf die Form legen und im vorgeheizten Ofen bei 250 °C etwa 30 Minuten backen.

5. Deckel oder die Alufolie abnehmen und die Hitze auf 225 °C reduzieren und das Brot weitere 20 Minuten fertig backen.

6. Das Brot in ein Tuch wickeln und bis zum nächsten Tag ruhen lassen, bevor es angeschnitten wird.

## TIPP

Dieses Roggenbrot kann man auch ohne Sauerteig backen! Verwenden Sie stattdessen ein erbsengroßes Stück Hefe.

In einer 2-Liter-Kastenform gebacken

# HELLES ROGGENBROT

Dass man mit der »No-Knead-Bread«-Methode wunderbar Roggenbrot backen kann, war eine beglückende Entdeckung für mich. Dieses helle Brot ist eine leichtere Version des klassischen dunklen Roggenbrotes. Rezepte für dunkles Roggenbrot finden Sie auf den vorherigen Seiten.

*1 erbsengroßes Stück Hefe*
*400 ml kaltes Wasser*
*3 TL Salz*
*1 TL Rohrohrzucker*
*100 g zerstoßene Roggenkörner*
*100 g grobes Roggenmehl*
*100 g Hartweizenmehl*
*ca. 250 g Weizenmehl*
*Öl für die Form, zum Gehen*

1. Den Teig nach dem Grundrezept auf Seite 12 zubereiten und die angegebenen Zutaten verwenden. Dabei die zerstoßenen Körner vor dem Mehl in die Flüssigkeit einrühren.

2. Den fertig gegangenen Teig in die erhitzte, bemehlte Form geben und den Deckel oder Alufolie auflegen.

3. Im vorgeheizten Ofen bei 250 °C etwa 30 Minuten backen. Den Deckel oder die Alufolie abnehmen und die Hitze auf 225 °C reduzieren.

4. Das Brot weitere 15–20 Minuten fertig backen.

## FRÜCHTE-NUSS-AUFSTRICH

Dazu 50 g fein gehackte Mandeln und 50 g Pistazien in einer trockenen Pfanne anrösten. In einer Küchenmaschine 100 g Datteln und 100 g Feigen zusammen mit 100 ml Portwein oder Holunderblütensaft mixen. Mandeln und Nüsse unter die pürierten Früchte mischen. Mit Zimt, etwas abgeriebener Schale von einer unbehandelten Zitrone, Zitronensaft und nach Belieben mit Chili abschmecken.

In einer 1½-Liter-Form gebacken

MAD ER KÆRLIGED

# BRÖTCHEN, FOCACCIA UND PIZZA

# CIABATTABRÖTCHEN

Diese Brötchen sind umwerfend gut – außen knusprig, innen saftig. Sie werden nur mit weißem Mehl gebacken. Man könnte deshalb vielleicht ein schlechtes Gewissen bekommen, aber ab und zu gönne ich mir diesen Genuss mit Wonne. Die Portion ist nicht besonders groß, das »Fest« also schnell vorbei! Gesünder sind die Brötchen auf den Seiten 106 und 108.

*½ TL Hefe*
*300 ml kaltes Wasser*
*2 TL Salz*
*1 TL Rohrohrzucker*
*ca. 400 g Weizenmehl*

1. Den Teig nach dem Grundrezept auf Seite 12 zubereiten und die angegebenen Zutaten verwenden. Dabei ein Backblech in den Ofen schieben und den Ofen auf 250 °C vorheizen.

2. Den einmal gegangen Teig (er soll kein zweites Mal gehen!) ein paarmal zusammenfalten und in 8–10 Stücke schneiden.

3. Die Brötchen etwas dreieckig formen und auf ein weiteres, mit Backpapier belegtes Backblech legen.

4. Das erhitzte Blech aus dem Ofen nehmen, wenn die 250 °C erreicht sind und die Brötchen mitsamt Papier auf das heiße Blech ziehen. Mit etwas kaltem Wasser besprühen.

5. Die Brötchen im Ofen bei 250 °C etwa 5 Minuten backen und dann die Hitze auf 225 °C reduzieren. Brötchen weitere 10 Minuten backen, bis sie schön goldbraun sind.

## TIPP

Das Rezept ist für eine kleine Portion von 8 bis 10 Brötchen berechnet! Die Zutatenmenge lässt sich aber problemlos verdoppeln. Bleiben Brötchen übrig, kann man sie einfrieren.

Auf einem Backblech gebacken

# MOHNBRÖTCHEN

Die knusprigen Brötchen mit Mohn haben weitaus mehr Charakter und gesunde Inhaltsstoffe als Brötchen, die man für gewöhnlich beim Bäcker bekommt. Diese Mohnbrötchen sind in einer Metallform ohne Deckel gebacken.

*1 erbsengroßes Stück Hefe*
*300 ml kaltes Wasser*
*2 TL Salz*
*1 TL Rohrohrzucker*
*50 g Haferflocken*
*50 g Weizenvollschrot (Grahammehl)*
*100 g Hartweizenmehl*
*ca. 125 g Weizenmehl*
*2–3 EL Mohnsaat*
*Öl für die Form*

1. Den Teig nach dem Grundrezept auf Seite 12 (Schritt 1–3) zubereiten und die angegebenen Zutaten verwenden.

2. Den Teig auf einer bemehlten Arbeitsfläche ein paarmal zusammenfalten.

3. Ein Muffin-Form gut einölen. Den Teig zerteilen und mit einem bemehlten Löffel in die Vertiefungen der Form geben.

4. Die Brötchen etwa 2 Stunden gehen lassen.

5. Brötchen mit Mohn bestreuen. Die kleinen Samen mit einem nassen Backpinsel etwas in den Teig drücken.

6. Die Form in den kalten Ofen stellen und diesen auf 250 °C aufheizen (die Form muss nicht zugedeckt werden!).

7. Brötchen backen, bis sie schön goldbraun sind. Das geschieht ungefähr, wenn die Ofentemperatur 250 °C erreicht hat. Es ist also eine gute Idee, gleichzeitig noch eines der anderen Brote aus dem Buch zu backen, die erst in den Ofen müssen, wenn er 250 °C heiß ist.

In einer Muffin-Form aus Blech gebacken;
die Portion ergibt 14–15 Brötchen

# GROBE CIABATTABRÖTCHEN MIT DINKEL

Ciabatta wird mit Weißmehl gebacken wie die Brötchen auf Seite 104. Aber man kann den weißen Teig mit Vollkorn »optimieren«. Die Vollkorn-Ciabattabrötchen sind zwar nicht so leicht und luftig, wie wenn sie nur mit Weißmehl gebacken werden. Dafür erhält man viel Nährstoffe durch das Weizenvollschrot (Grahammehl) und Ballaststoffe durch die Flocken.

*1 gut erbsengroßes Stück Hefe*
*500 ml kaltes Wasser*
*2 TL Salz*
*1 TL Rohrohrzucker*
*50 g Dinkelflocken*
*100 g Graham-Dinkelmehl*
*ca. 400 g Weizenmehl*
*Öl für die Form, zum Gehen*

1. Den Teig nach dem Grundrezept auf Seite 12 zubereiten und die angegebenen Zutaten verwenden. Dabei den Teig in zwei Teile teilen, wenn er zum zweiten Mal gegangen ist.

2. Den Teig zu länglichen Broten formen und auf ein mit Backpapier belegtes Backblech legen.

3. Ein weiteres Blech in den Ofen stellen und auf 250 °C heizen.

4. Das heiße Blech aus dem Ofen nehmen und das Papier mit den zwei Broten auf das heiße Blech hinüberziehen.

5. Das Blech in den Ofen stellen und die Brötchen bei 250 °C etwa 5 Minuten backen. Die Hitze auf 225 °C reduzieren und Brötchen weitere 15–20 Minuten goldbraun backen.

## BRUSCHETTA

Dazu das Brot in Scheiben schneiden. Olivenöl mit gepresstem Knoblauch und Salz verrühren und die Brotscheiben damit bestreichen. Brote auf ein Blech legen und in den 200 °C heißen Ofen schieben, bis sie leicht goldbraun sind. Herausnehmen und mit gehackten Tomaten, Basilikum, Kapern und Knoblauch belegen – oder mit gegrillten Paprikastreifen, gehackten Oliven, gegrillten Artischocken etc.

Auf einem Backblech gebacken

# FOCACCIA MIT WALNÜSSEN UND THYMIAN

Focaccia ist eines der beliebtesten Brote, die wir aus Italien kennen. Und es ist ein Brot, das zu jedem Anlass passt! Focaccia kann als Beilage zur Suppe serviert werden und eignet sich super als Sandwichbrot. Siehe dazu auch das Rezept »Focaccia mit Tomaten« auf Seite 86.

*1 erbsengroßes Stück Hefe*
*300 ml kaltes Wasser*
*1 TL Salz*
*1 TL Rohrohrzucker*
*100 g Hartweizenmehl*
*ca. 250 g Weizenmehl*
*ca. 20 Walnusskerne*
*ca. 20 Thymianzweige*
*ca. 1 EL Maldonsalz (englisches Meersalz) oder ein anderes grobes Salz*
*Öl für die Form*

1. Den Teig nach dem Grundrezept auf Seite 12 zubereiten und die angegebenen Zutaten verwenden. Dabei den fertig gegangenen Teig in einer flachen, eingeölten Form (21 x 26 cm) ausbreiten.

2. Mit dem Finger, gleichmäßig über die Oberfläche verteilt, Vertiefungen in den Teig drücken. Walnüsse und Thymianzweige in einem hübschen Muster auf den Teig legen. Mit Salz bestreuen.

3. Die Form in den kalten Ofen stellen und den Ofen auf 225 °C heizen (Form nicht abdecken).

4. Das Brot etwa 25 Minuten backen, bis die Oberfläche schön goldbraun ist.

## TIPP

Diese Portion ist nicht besonders groß, weil Focaccia am besten frisch gebacken gegessen wird. Aber Sie können natürlich auch eine doppelte Portion backen. Die klassische Focaccia wird lediglich mit Salz und Rosmarin bestreut. Als Belag schmecken auch ganz wunderbar Oliven und Oregano, Haselnüsse und Salbei oder Schwarzkümmel und getrocknete Tomaten.

In einer flachen, länglichen 1-Liter-Form gebacken

# SAUERTEIGBRÖTCHEN AUS SVEDJE-ROGGEN

Urpünglich habe ich für dieses Rezept norwegischen Svedje-Roggen verarbeitet. Der Proteingehalt dieser alten Roggensorte ist hoch, der Geschmack sehr aromatisch. Svedje-Roggenmehl erhält man hierzulande nicht überall. Man kann stattdessen anderes Roggenmehl verarbeiten.

*350 ml kaltes Wasser*
*1 EL Sauerteig (siehe Sauerteigrezept Seite 62 oder fertig gekaufter Teig)*
*2 TL Salz*
*1 TL Rohrohrzucker*
*50 g Roggenflocken*
*50 g Sonnenblumenkerne*
*300 g Svedje-Roggenmehl oder ein anderes Roggenmehl*
*ca. 200 g Vollkornmehl*
*Kürbiskerne, zum Bestreuen*
*Öl für die Schüssel, zum Gehen*

1. Den Teig nach dem Grundrezept auf Seite 12 zubereiten und die angegebenen Zutaten in der Reihenfolge der Zutatenliste zufügen.

2. Die Form mit Mehl bestreuen und den fertig gegangenen Teig mit einem in kaltes Wasser getauchten Löffel darin verteilen. Die Oberfläche mit dem Löffel glätten.

3. Die Kürbiskerne darüberstreuen und mit einem nassen Backpinsel etwas in den Teig drücken.

4. Die Form in den kalten Ofen stellen und auf 250 °C heizen (Form soll nicht abgedeckt werden!).

5. Wenn nach etwa 10 Minuten die Temperatur von 250 °C erreicht ist, die Hitze auf 225 °C reduzieren und die Brötchen weitere 20 Minuten fertig backen.

6. Eines der Brötchen aus der Form nehmen und gegen die Unterseite klopfen, um festzustellen, ob es fertig ist. Es sollte hohl klingen!

## TIPP

Sie können den Sauerteig auch weglassen! Verwenden Sie stattdessen ein erbsengroßes Stück Hefe. Der Teig für die Brötchen kann auch in einer großen Form gebacken werden.

In einer offenen Form für 8 Brötchen gebacken

# BAUERNPIZZA MIT ZWIEBELN

Diese Pizza fällt aus der Reihe. Erstens ist sie mit Teig, ohne Kneten gemacht, und zweitens hat sie eine Eiermischung und nicht wie eine klassische Pizza Käse obendrauf. Vermutlich ist das auch der Grund, weshalb die Italiener die Pizza »Bauernpizza« nennen. Die italienische Bauernpizza liegt optisch und geschmacklich zwischen Quiche und Pizza.

**Für den Pizzateig:**

*1 erbsengroßes Stück Hefe*
*400 ml kaltes Wasser*
*2 TL Salz*
*½ TL Rohrohrzucker*
*2 EL Olivenöl*
*150 g Vollkornmehl*
*300–350 g Weizenmehl (Typ 00)*
*Öl für die Form, zum Gehen und Braten*

**Für den Belag:**

*500 g Frühlingszwiebeln mit Grün und/oder rote Zwiebeln*
*4 Eier*
*100 g Sojasahne oder andere Sahne*
*Salz*
*schwarzer Pfeffer, frisch gemahlen*
*1 EL getrockneter Thymian*
*frischer Thymian, nach Belieben*

1. Den Teig nach dem Grundrezept auf Seite 12 zubereiten und die angegebenen Zutaten verwenden. Dabei den Teig auf eine Arbeitsfläche legen, wenn er mindestens 12 Stunden gegangen ist, und in so viel Mehl wenden, dass er mit einer Teigrolle ausgerollt werden kann.

2. Teig dünn ausrollen und in einen gefetteten Ofenbräter legen.

3. Den Backofen auf 225 °C vorheizen.

4. Für den Belag die Zwiebeln abziehen und halbieren, in einem Muster auf den Teig legen und etwas in die Teigoberfläche drücken. Den Bräter etwa 10 Minuten in den 225 °C heißen Ofen stellen.

5. Die Eier mit der Sahne verquirlen und etwas Salz, Pfeffer und Thymian zufügen.

6. Den Bräter aus dem heißen Ofen nehmen und die Eiermischung über die Zwiebeln gießen.

7. Die Hitze auf 200 °C reduzieren und die Pizza etwa 20 Minuten backen, bis die Oberfläche goldbraun ist. Nach Belieben mit frischem Thymian bestreuen.

In einem Ofenbräter gebacken;
siehe auch Foto Seite 102–103 ›

KLØVERBLAD

# FLUTES

Jetzt heißt es einfach: kreativ sein und ausprobieren! Man kann aus einigen der leichteren Teige in diesem Buch nicht nur dieses klassische französische Stangenweißbrot backen, sondern ganz nach eigenem Geschmack seine Lieblingsbrote »entwerfen«.

***Folgende Teigrezepte kann man verwenden:***
*Teig für Haferbrot (Seite 28)*
*Teig für Ølandbrot (Seite 38)*
*Teig für Mittelmeerbrot (Seite 48)*
*Teig für Ciabattabrötchen (Seite 104)*
*Teig für Mohnbrötchen (Seite 106)*

1. Den Teig nach dem Grundrezept auf Seite 12 (Schritt 1–3) zubereiten und die angegebenen Zutaten verwenden. Dabei den Teig in drei bis vier Portionen teilen, abhängig von der Größe der Brote, die man backen möchte.

2. Jede Portion Teig in eine Schüssel zum Gehen legen und zum zweiten Mal gehen lassen.

3. Den Teig auf einer gut bemehlten Arbeitsfläche zu Stangen in der gewünschten Länge und Dicke drehen. Teigstangen auf ein mit Backpapier ausgelegtes Backblech legen.

4. Ein zweites Blech in den Ofen schieben und auf 250 °C vorheizen.

5. Die Teigstangen mit einem scharfen Messer längs einschneiden und mitsamt Backpapier auf das heiße Blech hinüberziehen, wenn die Temperatur von 250 °C erreicht ist.

6. Die Brote etwa 15 Minuten goldbraun backen (während des Backens nicht mit Alufolie bedecken!).

Auf einem Backblech gebacken ›

# REGISTER

Edel Books

Ein Verlag der Edel Germany GmbH



Neumühlen 17, 22763 Hamburg

www.edel.com

2. Auflage 2016

Texte und Fotos: Kirsten Skaarup

Design: Martin Flink Nielsen



Übersetzung: Julia Gschwilm, München

Projektkoordination: Julia Sommer

Satz und Redaktion: Antje Eszerski für bookwise GmbH, München

Coveradaption: Groothuis. Gesellschaft der Ideen und Passionen mbH | www.groothuis.de

Die Rechte für die deutsche Übersetzung wurden vermittelt durch

Manuela Kerkhoff - International Licensing Agency, Deutschland www.manuela-kerkhoff.de



ISBN 978-3-8419-0422-5